BOEKANALYSE

AF131755

De tijgerkat

· · · · · · · · · · · · · · · · ·

GIUSEPPE TOMASI DI LAMPEDUSA

BOEKANALYSE

Geschreven door Pauline Coullet
Vertaald door Nikki Claes

De tijgerkat

Giuseppe Tomasi di Lampedusa

GIUSEPPE TOMASI DI LAMPEDUSA

ITALIAANS ROMANSCHRIJVER EN SCHRIJVER VAN KORTE VERHALEN

- **Geboren in Palermo (Sicilië) in 1896.**

- **Overleden in Rome in 1957.**

- **Opmerkelijke werken:**

  - *De Professor en de Sirene* (1961), novelle

  - *Le Lezioni su Stendhal* [*Lessen over Stenhal*] (1977), essay

  - *Byron* (2010), essay

Giuseppe Maria Fabrizio Salvatore Stefano Vittorio Tomasi, prins van Lampedusa, hertog van Palma di Montechiaro en lid van de Siciliaanse aristocratie, legde vlak voor zijn overlijden de laatste hand aan *De tijgerkat,* zijn enige roman. Hij is ook de auteur van verschillende literaire studies, waaronder een over Stendhal (Franse schrijver, 1783-1842).

Hij was vooral een militair, die in beide wereldoorlogen als luitenant diende. In 1932 trouwde hij met Alessandra Wolff-Stomersee (1894-1982), een psychoanalytica uit Sint-Petersburg.

Lampedusa stierf in een hotel in Palermo, net als de held van zijn roman, zonder ooit zijn enige roman gepubliceerd te zien.

DE TIJGERKAT

SICILIË, PASSIE EN MELANCHOLIE

- **Genre**: historische roman
- **Referentie-uitgave**: Tomasi, G. (2007) *The Leopard*. Trans. Colquhoun, A. New York: Pantheon.
- **1e druk**: 1960 (Oorspronkelijk werk gepubliceerd in Italië in 1958)
- **Thema's**: Italiaanse geschiedenis, aristocratie, verval, dood, eenzaamheid, ambitie

De tijgerkat vertelt het verhaal van de val van een adellijke familie en daarmee het lot van de hele Siciliaanse aristocratie tijdens het *Risorgimento* ("heropleving" of "opleving" in het Italiaans, een term die wordt gebruikt om de ideologische en politieke beweging aan te duiden die door Italië ging in de eerste helft van de 19e eeuw en uitmondde in de oprichting van het Koninkrijk Italië in 1861). Hoewel het boek voornamelijk een historische roman is, heeft het ook een autobiografisch aspect. Het valt op door het bijzondere belang dat wordt gehecht aan de subjectiviteit van de held.

Toen het in 1958 voor het eerst in Italië werd gepubliceerd, oogstte *Het luipaard* niet meteen succes bij het grote publiek, ondanks het feit dat het de Strega-prijs won, de meest prestigieuze Italiaanse literaire prijs. In die tijd domineerde in Italië het neorealisme, een stroming die zich kenmerkte door de grimmige weergave van de hedendaagse maatschappij en de verheerlijking van het antifascisme, de literaire en cinematografische scène. Na verloop van tijd vond het boek echter een publiek. Tegenwoordig wordt het beschouwd als een klassieker van de Italiaanse literatuur en is het een van de boeken die in Italië op school staan. Visconti's (Italiaanse regisseur, 1906-1976) uiterst getrouwe verfilming won in 1963 de *Palme d'Or* op het filmfestival van Cannes.

SAMENVATTING

HET BEGIN VAN EEN NIEUW TIJDPERK...

De roman opent met de Prins van Salina, Don Fabrizio, die de rozenkrans (een soort gebed) opzegt, en zijn beschrijving van zijn paleis in Palermo, het Koninkrijk der Twee Siciliën en zijn familie. De Prins van Salina is het archetype van de oude Italiaanse aristocratie waartoe hij behoort. Hij is een beschaafde, machtige man die vaak vergezeld wordt door zijn hond, Bendicò, wiens trouw en intelligentie hij zeer waardeert.

In mei 1860 heeft Don Fabrizio een politiek gesprek met zijn neef Tancredi, een man van wie hij meer houdt dan van zijn eigen kinderen. Later verneemt hij dat zijn dochter Concetta verliefd op hem is en hij keurt het af, omdat hij vindt dat zij Tancredi niet verdient. De jongeman is een ambitieus karakter, tot alles bereid om zijn doelen te bereiken.

Italië maakt in die tijd veel veranderingen door: het gaat de periode in die bekend staat als het *Risorgimento,* dat uiteindelijk zou leiden tot de eenwording van het land (1861) en de ontwikkeling van de nationale trots. "Als we willen dat de dingen blijven zoals ze zijn, zullen er dingen moeten veranderen", legt de prins uit aan zijn neef (p. 10). Tancredi wil zich aansluiten bij de aanhangers van koning Victor Emmanuel II (1820-1878), die voor de eenwording van Italië waren. Aan de andere kant vreest Don Fabrizio, samen met de rest van de Siciliaanse aristocratie, dat zijn privileges door de eenwording zullen worden ontnomen, omdat dit impliceert dat het Koninkrijk der Twee Siciliën zich bij de rest van Italië aansluit en de val van Koning Francis II (de laatste heerser van het Koninkrijk der Twee Siciliën, 1836-1894), die op dat moment over Palermo regeerde. Helaas voor hem ontdekt hij de volgende dag dat generaal Garibaldi (1807-1882), die streed voor de eenwording van de Italiaanse staat, in Marsala is geland.

Don Fabrizio gaat vervolgens, in gezelschap van zijn hond, naar het observatorium van pater Pirrone, zijn vriend en vertrouweling. De twee bespreken de recente politieke gebeurtenissen en de komende veranderingen: de komst van de bourgeoisie als de nieuwe dominante klasse en de afschaffing van de privileges van de aristocratie en de kerk. Vervolgens gaan ze over op hun gedeelde passie: het bestuderen van de beweging van de sterren.

Tijdens de vakantie gaan de prins en zijn familie naar hun land in Donnafugata: "hij hield van het huis in Donnafugata, de mensen, het gevoel van feodale eigendom dat daar voortleefde" (p. 17). Don Fabrizio vindt het echter een veranderde stad, vooral door de opkomst van de opkomende Don Calogero Sedara, hoofd van de liberalen, een boer die dankzij zijn bedrijf even rijk is geworden als hij. De prins ziet "revolutie in die witte das en twee zwarte staarten" (p. 23). Zelfs de hond Benidicò gromt naar hem als hij hem ziet. Het land is inderdaad aan het veranderen: de bourgeoisie begint op te komen, terwijl de levenswijze van de adel nu bedreigd wordt. De prins lijkt dit dreigende gevaar echter te willen negeren en begint Sedara gaandeweg te leren kennen: het klassenverschil dat de twee mannen aanvankelijk verdeelde, begint te vervagen. De Prins herkent ook Sedara's pragmatische intelligentie. Zijn dochter Angelica charmeert Tancredi onmiddellijk met haar adembenemende schoonheid en rijkdom.

Korte tijd later vraagt de jongeman toestemming aan de prins om met Angelica te trouwen. Stella, de vrouw van Don Fabrizio, neemt dit niet goed op, omdat zij een huwelijk tussen een edelman en de dochter van een opstandeling als een ongeschikte combinatie beschouwt. Anderen, zoals Don Ciccio, staan ook niet positief tegenover de verbintenis: "hoe fout, Excellentie! Het is het einde van de Falconeris, en ook van de Salinas" (p. 35). Don Fabrizio van zijn kant blijkt zich aan te passen en keurt het huwelijk goed.

Angelica bezoekt het huis van de Salinas voor het eerst als Tancredi's verloofde. Het hele huis lijkt vervallen, een teken dat het verval van de adel al is begonnen, maar ook beladen met een zekere sensuele sfeer. De romantische promenades en spelletjes van de twee geliefden leiden inderdaad tot een seksuele spanning die het kasteel doordringt.

Een heel hoofdstuk is gewijd aan het bezoek van pater Pirrone aan zijn familie in San Cono. Dankzij deze kleine uitweiding kan Tomasi de levensomstandigheden van de boeren belichten en zich concentreren op de priester, die een ingewikkelde familiezaak moet ontwarren. Zijn nicht Angelica, die drie maanden zwanger is, is verleid door de zoon van Turi, van de rivaliserende tak van de familie. De ruzie gaat generaties terug en begon met de diefstal van enkele amandelbomen. De vader regelt de situatie door de twee geliefden te trouwen.

Tijdens de jacht heeft de prins een gesprek met Don Ciccio over een plebisciet over de eenwording in Donnafugata. Ciccio hekelt dit referendum, dat hij als vervalst beschouwt en de "domme nietigverklaring van de eerste uiting van vrijheid die hen [het volk] ooit is geboden" noemt (p. 33). Onder druk van enkele vooraanstaande lokale burgers stemmen de Sicilianen inderdaad massaal voor de eenwording, evenals – paradoxaal genoeg – de prins. Hij gelooft dat hij, door zich aan te passen aan de komende veranderingen, zijn familie kan redden van de algemene val van de aristocratie. De eenwording zal namelijk leiden tot liberalisering van de macht, waardoor de aristocratie haar privileges verliest en de opkomst van de nieuwe burgerlijke klasse van zakenlieden wordt vergemakkelijkt.

In november 1860 krijgt de prins bezoek van Chevalley di Monterzuolo, uit Piemonte. De twee bespreken de verschillen tussen het noorden en het zuiden van Italië. Chevalley stelt voor dat de Prins benoemd wordt tot lid van de Senaat, maar Don Fabrizio weigert uit loyaliteit aan de Bourbons:

> *"Wij waren De tijgerkaten, de leeuwen; degenen die onze plaats zullen innemen zijn kleine jakhalzen, hyena's; en wij allemaal, luipaarden, jakhalzen en schapen, zullen allemaal denken dat we het zout der aarde zijn" (blz. 53).*

Twee jaar later gaan de Salinas en de Sedara's naar een bal in het Palazzo Ponteleone. Angelica zet haar eerste stappen in de wereld van de aristocratie. Haar vader is erg gecharmeerd van het paleis: hij is "ongevoelig voor de charme ervan, [maar] vastbesloten voor de geldelijke waarde ervan" (p. 64). De prins daarentegen is moe en trekt zich terug in de bibliotheek, waar hij het schilderij *Death of the Just Man* van Greuze (Franse schilder, 1725-1805) overdenkt en zich zijn eigen dood voorstelt. Een dans met Angelica kalmeert hem echter: "bij elke draai viel er een jaar van zijn schouders"

(p. 66). Op weg naar huis kijkt hij melancholisch naar de sterren, de enige elementen die hij denkt te begrijpen nu hij zijn dood en die van de aristocratie voelt naderen.

…EN HET EINDE VAN EEN ANDERE

Enkele jaren later vinden we de prins op zijn sterfbed in een vervallen hotel in Palermo. Hij wordt een laatste keer bezocht door Tancredi en zijn kleinzoon Fabrizietto. Don Fabrizio denkt bitter na over zijn leven en zijn familie: "de laatste van de Salinas was eigenlijk hijzelf, deze uitgemergelde reus die nu op het balkon van een hotel ligt te sterven" (p. 71). En dan komt de dood, in de vorm van een mooie vrouw in reiskleding – Venus – hem halen.

In mei 1910 heerst er weer stabiliteit in heel Italië. We ontdekken dat de drie dochters van de prins, waaronder Concetta, vrijsters zijn. Ze leven aan de rand van de Italiaanse aristocratie. Ze krijgen in hun paleis in Palermo bezoek van de vicaris-generaal, die volgens pauselijke instructies de privékapellen van zijn aartsbisdom komt inspecteren: de authenticiteit van de religieuze relikwieën die door de drie vrouwen zijn verzameld moet worden geverifieerd. Dit is een belangrijke scène, want hun vroomheid en hun band met de Nobelen van de Mantel, die de grote hoeveelheid verzamelde relikwieën moet symboliseren, is het laatste teken dat zij tot de gevallen aristocratie behoren. Aan het eind van zijn inspectie verklaart de kardinaal van Palermo echter dat slechts vijf van de 74 relikwieën van de familie authentiek zijn: deze laatste slag, die de vrouwen berooft van de weinige privileges die ze nog hebben, maakt een einde aan wat er over is van hun welvarende verleden.

Concetta, nadenkend over "een inferno van gemummifi-ceerde herinneringen" (p. 266) in haar kamer, overdenkt haar trousseau, (de kleren die een meisje krijgt dat gaat trouwen), die nu nutteloos is. Zoals gewoonlijk krijgt ze bezoek van Angelica, die tegen haar ziekte vecht, en van senator Tassoni, een oude vriend van Tancredi. Aan het eind van de roman gooit, ze de inmiddels dode en opgezette hond Bendicò weg, die door zijn versleten vacht op een luipaard lijkt.

KARAKTERSTUDIE

DON FABRIZIO, DE PRINS VAN SALINA...

Don Fabrizio, de held van de roman, stamt van vaderskant af van de oude Siciliaanse aristocratie, maar heeft dankzij zijn moeder ook Duits bloed. De prins wordt beschreven als een grote, krachtige en heethoofdige man en vertoont een zekere gelijkenis met Jupiter of Poseidon. Zijn bouw en zijn kracht geven hem ook een leeuwachtig uiterlijk, wat hem verbindt met het luipaard, dat op het wapen van de familie Salina voorkomt. Hij heeft zeven kinderen met zijn vrouw Maria Stella, maar hij verkiest Tancredi Falconeri, zijn neef, boven hen allen.

De Prins valt vooral op door de ambivalentie en complexiteit van zijn karakter. Deze man, hoewel sensueel en gedreven door passie, heeft een meer wetenschappelijke kant wanneer hij de sterren gaat bestuderen. Bovendien onthult de interne focalisatie van de roman de rijkdom van zijn innerlijke leven en zijn intellectuele aspiraties. Er is een focus in het boek op de subjectiviteit van de Prins, die:

- trots op zijn aristocratische erfenis ("Wij waren De tijgerkaten, de leeuwen; degenen die onze plaats zullen innemen zijn kleine jakhalzen, hyena's", blz. 53).

- vet

- melancholie als hij aan de sterren denkt of zelfs aan de dood, zoals in de balscène…

- sensueel: hij houdt van Angelica's sensualiteit en heeft verschillende minnaars

- contemplatief

- opvliegend

- vriendelijk.

Kortom, de prins staat door zijn karakter, zijn lot en zijn keuzes symbool voor de aristocratie als geheel. Zijn macht en het respect dat hij bij anderen oproept, maar ook zijn passiviteit (hij mengt zich niet in de politiek om te proberen zijn positie te redden, omdat hij weet dat het een verloren strijd is), weerspiegelen de manier van leven en het lot van aristocraten. Het *Risorgimento* baart deze ouder wordende man terecht zorgen en hij begint zich af te vragen wat de gevolgen van de politieke en sociale veranderingen zijn voor zijn manier van leven en voor de oude feodale orde.

Hij sterft als een oude man, hoewel hij betreurt dat hij niet echt een volledig leven heeft geleefd. Hij sterft rustig, omringd door zijn familie, in navolging van Venus, de ster van legendarische schoonheid die hij jarenlang had bewonderd. Zijn dood symboliseert het einde van de aristocratie: in het volgende hoofdstuk kijken zijn dochters terug op hun herinneringen aan een welvarend en adellijk verleden.

HET BELANG VAN DIEREN IN DE ROMAN

Lampedusa ontwikkelt in zijn roman een heel bestiarium van dieren. We vinden luipaarden en leeuwen, die de aristocratie vertegenwoordigen en omvergeworpen worden door de jak-halzen (Don Calogero) en de she-wolves (Angelica). Door de mannen met dieren te vergelijken, verandert de verteller de mensen in instinctwezens, waarbij hij een pessimistische kijk heeft op hun daden en op de maatschappij en politiek van die tijd. Mannen worden vergeleken met dieren, die onderling vechten om te overleven.

TANCREDI FALCONERI

Tancredi Falconeri, de jonge neef en favoriet van de prins, is even charmant als spottend. Hij past in het beeld van de ambitieuze sociale klimmer en is scherpzinnig als het gaat om politieke gebeurtenissen. Hij neemt deel aan de revolutie van Garibaldi en sluit zich vervolgens aan bij het leger. Hij steunt de zaak van de liberalen om de voordelen van zijn klasse te behouden. Hoewel zijn keuze om met Angelica te trouwen in eerste instantie nogal romantisch lijkt, is het eigenlijk niets meer dan een financiële truc om hem toegang te geven tot het fortuin van zijn vrouw.

Tancredi's lot lijkt het omgekeerde van dat van de prins. Terwijl Don Fabrizio achteruit begint te gaan en ouder wordt, is Tancredi nog in de bloei van zijn jeugd en stijgt hij in de wereld. Door de compromissen die hij sluit (zijn huwelijk en zijn betrok-kenheid bij Garibaldi) kan hij echter niet beschouwd worden als de laatste vertegenwoordiger van de familie Salina, De tij-gerkaten. Hij wil van het leven genieten zonder zich te laten tegenhouden door het verleden en de tradities die de aristo-cratie binden. Hij is het enige personage in de familie dat niet lijdt onder het verval van de aristocratie. Aan het eind van de roman vernemen we dat hij niet lang voor de 70ste verjaardag van zijn vrouw sterft.

VADER PIRRONE

Vader Pirrone is de priester van het Salina huis. Zijn karakter gaat hand in hand met dat van de prins van Salina, en de twee vormen het perfecte koppel. Als jezuïet en geleerd wiskundige wordt Pirrone in de loop van de roman steeds complexer, waardoor hij een belangrijke plaats inneemt in het verhaal. In het vijfde hoofdstuk, dat volledig aan hem is gewijd, komen we meer over hem te weten. Tot dan toe staat hij altijd in de schaduw van de grote figuur van Don Fabrizio: zijn nederige afkomst en het grote respect dat men voor hem heeft worden voor het eerst verkend. Tijdens familieruzies toont pater Pirrone zich zeer bekwaam en deskundig op het gebied van de menselijke natuur.

Het personage wordt op subtiele wijze behandeld: hij wordt zachtjes geplaagd door de verteller, omdat hij geen plaats meer zal hebben in de nieuwe maatschappij die vlak na de dood van De tijgerkat opdoemt. Uiteindelijk sterft hij enkele jaren voor Don Fabrizio.

DON CALOGERO SEDARA

Sedara is de vader van Angelica. Als Don Fabrizio een leeuw of een luipaard is, wordt Sedara vergeleken met een jakhals vanwege zijn opportunisme: hij profiteert van gebeurtenissen en jaagt glorie en geld na. Hij vertegenwoordigt de corrupte, triomferende bourgeoisie ten tijde van het *Risorgimento*, en is het onderwerp van een groot aantal satirische commentaren van de verteller: vulgair, materialistisch en belachelijk, alleen zijn zeer pragmatische intelligentie, zijn verstand en zijn zakelijk inzicht weten hem de bewondering van de prins te ontlokken.

Als tegenpool van Don Fabrizio symboliseert Sedara de nieuwe mens, de nieuwe bourgeoisie die het gat komt opvullen dat de in verval geraakte aristocratie achterlaat. Aan het eind van de roman komt hij als overwinnaar uit de bus, met zijn dochter als lid van de aristocratie. Op dat moment merkt de prins op dat zijn gevoel voor kleding begint te verbeteren, iets wat aan het begin van het boek zijn lage afkomst verraadde.

DE VROUWELIJKE PERSONAGES

De vrouwelijke personages worden in de hele roman nogal schamper voorgesteld. Het beeld dat we van hen krijgen is in zekere zin een accurate weergave van de positie van de vrouw in de chauvinistische wereld van het 19e eeuwse Sicilië.

De vrouwen, vooral die van de familie Salina, worden het vaakst beschreven als vroom en onderdanig. In feite lijkt hun gebrek aan actie soms nogal belachelijk. Opgevoed met de gebruiken van die tijd, zijn ze allemaal vroom, weten niets van politiek en zijn stevig gehecht aan oppervlakkige tekenen waaruit blijkt dat ze tot de aristocratie behoren. In de familie Salina is echter één van de dochters van de prins de uitzondering op de regel: Concetta. Van alle kinderen van de prins is zij de enige aan wie af en toe een periode van interne focalisatie wordt toegestaan. Ze komt over als een echte Salina: net als haar vader is ze sterk, onwankelbaar en sterk gehecht aan haar erfgoed. Ze wordt onderschat door haar vader, die Tancredi verkiest boven haar, omdat ze een gereserveerde vrouw is. Ze is een slachtoffer van geschiedenis en pragmatisme. Afgewezen door Tancredi, op wie ze verliefd is, verschijnt ze ook als een tragische romantische heldin. Net als haar zussen eindigt ze als oude vrijster en draagt dus niet bij aan de voortzetting van haar lijn. Zij ziet de aristocratie een laatste slag toebrengen wanneer de geestelijkheid de religieuze relikwieën van haar familie verwijdert, wat het einde van het verval van de aristocratie symboliseert: er is niets van waarde meer over uit haar jeugd.

Angelica is opvallend anders dan de rest van de vrouwen in de roman. Ze is extreem mooi en belichaamt beweging en sensualiteit. De verteller onthult ook haar diep hypocriete, ambitieuze en oppervlakkige aard. Ze wordt voorgesteld als een femme fatale, een corrupte vrouw die erin slaagt een aristocraat te trouwen ondanks haar duistere afkomst. Ze wordt vergeleken met een adder of een wolvin, wat haar gevaarlijke voorkomen nog vergroot. Net als haar vader streeft ze fortuin en roem na. Ze is ook de perfecte vertegenwoordiging van mannelijke fantasieën. Aan het eind van het verhaal, enige tijd na de dood van haar man, bezoekt ze de familie Salina, en de verteller laat doorschemeren dat ze spoedig ernstig ziek zal worden.

BENDICÒ

Bendicò is de Deense Dog van Don Fabrizio. Hoewel hij een dier is, speelt hij een belangrijke rol in de roman: volgens de auteur zelf is hij een zeer belangrijk personage dat eigenlijk de sleutel tot de roman is.

Hij is een levendige en aanhankelijke hond. Hij verschijnt zowel aan het begin als aan het eind van de roman. Hij komt in de meeste scènes voor, altijd op de achtergrond, en wordt vaak vergeleken met een mens of dient als vergelijkingspunt met een personage. Zo wordt Mariannina, de prostituee die Don Fabrizio regelmatig bezoekt, beschreven als Bendicò in een rok.

De hond heeft een zeer sterke band met de prins, die sterk op hem vertrouwt en hem zelfs vergelijkt met de sterren, omdat die hem geluk en sereniteit brengen. Bendicò heeft ook een scherp oog voor karakter: afhankelijk van de situatie gromt hij naar bepaalde personages (hij gromt bijvoorbeeld naar Angelica en Don Calogero, omdat zij tot de bourgeoisie behoren en dus een gevaar vormen voor de aristocratie).

Toch is Bendicò meer dan wat ook een symbool van het huis Salina. Hij is een hond met een adellijke afkomst, een hond die net zo indrukwekkend is als zijn meester en neerkijkt op inferieure klassen als de bourgeoisie. Zorgeloos gedurende de hele roman sterft hij aan het eind van het verhaal en wordt opgezet, waarmee hij het verval van de familie symboliseert. Op dat moment ziet hij er nogal zielig uit: hij is niet meer dan een door wormen aangevreten huid. Concetta gooit hem uiteindelijk zelfs uit het raam.

> *"Een paar minuten later werd wat overbleef van Bendicò in een hoek van de binnenplaats gesmeten […] Tijdens de vlucht naar beneden uit het raam herschikte zijn gedaante zich voor een ogenblik; in de lucht had men een viervoeter met lange snorharen kunnen zien dansen, en zijn rechter voorpoot leek in stof te zijn opgeheven. Toen vonden allen rust in een hoopje levendig stof" (p. 79).*

In zijn laatste momenten lijkt Bendicò op een dansend luipaard, het wapen van de Salinas, voordat hij in een hoop stof verdwijnt. Hij vertegenwoordigt de val van de familie en, meer in het algemeen, het verval van de aristocratie.

ANALYSE

EEN HISTORISCHE ROMAN

De tijgerkat is een historische roman, wat betekent dat het echte gebeurtenissen vermengt met fictieve elementen.

- Aan de ene kant is *De tijgerkat* een verslag van de historische gebeurtenissen die het Italië van de 19^e eeuw kenmerkten en kan het gezien worden als een nauwkeurige beschrijving van wat er werkelijk gebeurd is.

- Anderzijds worden verschillende fictieve personages geïntroduceerd, zoals de familie Salina, die nooit heeft bestaan, hoewel ze lijken te zijn geïnspireerd door de voorouders van Lampedusa.

Zoals men van een historische roman kan verwachten, zouden alle fictieve personages en heel goed hebben kunnen bestaan, rekening houdend met de historische feiten.

De historische gebeurtenissen van die tijd vormen de achtergrond van de roman. Het lot van de Prins van Salina wordt ingekaderd en gevormd door de *Risorgimento*, een belangrijke episode in de geschiedenis van Italië die leidde tot de eenwording van het land. *De tijgerkat* begint inderdaad met de landing van generaal Garibaldi, een belangrijke speler in het *Risorgimento*, in Marsala, Sicilië, op 11 mei 1860. Op dat moment is Italië verdeeld in drie delen:

- De Pauselijke Staten;

- Het Noorden, onder het bewind van Koning Victor Emmanuel II, gesteund door de Oostenrijkers;

- Het zuiden, genaamd het Koninkrijk der Twee Siciliën, waar Francois II regeert.

De zegevierende expeditie van Garibaldi brengt de aristocratie en de koning van Sicilië onder de macht van Victor Emmanuel II. In het derde hoofdstuk van *De tijgerkat wordt* ons verteld over de organisatie en de uitslag van het door Victor Emmanuel II georganiseerde volksreferendum op 21 oktober 1861, waarbij de Sicilianen stemmen over de eenwording van het land. Het belang van de data aan het begin van elk deel, de herinnering aan de belangrijkste gebeurtenissen van een roerige tijd en de vermelding van echte personen (met name Garibaldi), alsmede de realistische weergave van het leven in die tijd maken het boek tot een historische roman.

Het is echter het gezichtspunt van de hoofdpersoon, een lid van de aristocratie, dat het verhaal domineert: het *Risorgimento*, de vereniging van de Twee Siciliën en het Koninkrijk Italië en de sociale omwentelingen van die tijd worden gezien door de ogen van een getuige die enigszins verwijderd is van de gebeurtenissen. Daardoor concentreert de belangrijkste plotlijn zich op de ingrijpende veranderingen in de relatie tussen de bourgeoisie en de aristocratie. De gebeurtenissen worden daarom eerder gesuggereerd dan exact beschreven: ze zijn meestal het onderwerp van herinneringen en gesprekken, en worden meestal in een vrije indirecte stijl gepresenteerd.

De roman draait om het samenspel van maatschappelijke krachten, belichaamd door de verschillende personages van de roman:

- Don Fabrizio vertegenwoordigt de versleten aristocratie die te zeer in haar tradities verankerd is. In de loop van de roman begint de prins echter een meer heldere kijk op de gebeurtenissen te krijgen: hij aanvaardt bijvoorbeeld het onvermijdelijke vooruitzicht van het einde van de wereld zoals hij die kent.

- De razendsnelle opkomst van Don Calogero vertegenwoordigt de komst van de bourgeoisie. Intelligent en zonder scrupules is hij een personage dat altijd op zoek is naar macht.

- Tancredi is tot op zekere hoogte een valse held, die goed past bij de dubbelzinnigheid van deze revolutie.

Lampedusa's roman heeft een nogal pessimistische kijk op de beschreven gebeurtenissen. Geen enkele sociale groep ontsnapt aan de gedesillusioneerde, ironische kijk van de auteur, en er is een algemene kritiek door de hele roman heen op het gebrek aan idealen en waarden in de samenleving, en op de onverbiddelijkheid van de tijd. Het belangrijkste is, volgens Lampedusa, dat als er geen hoop meer is in de adel, de recente gebeurtenissen ons ook pessimistisch moeten stemmen over de politieke toekomst. Het vervalste referendum wordt gezien als een "verminking van de zielen" (p. 32), die leidt tot de mislukte geboorte van de democratie, en Garibaldi wordt op groteske wijze gemythiseerd (de lithografie die hem voorstelt, doet hem volgens Don Fabrizio belachelijk veel op de god Mars lijken). De nieuwe machthebbers zullen niet meer doen dan de oude, hetzelfde archaïsme zal een wig drijven tussen het noorden en het zuiden en Sicilië zal hetzelfde blijven als altijd: ellendig.

EEN METAFYSISCHE BESCHOUWING OVER DE MENS EN ZIJN RELATIE MET TIJD EN DOOD

Het luipaard is een roman over verval. De held aanschouwt het afbrokkelen van de wereld die hij kent, zonder er iets aan te kunnen doen. Het economische en geestelijke verval van de aristocratie wordt verbeeld door hun vergane glorie, verlaten gebouwen en de onvruchtbaarheid van de drie ongetrouwde zusters. Maar het betekent ook het einde van een manier van leven en een bepaalde manier van denken, zoals Don Fabrizio impliceert.

Hieruit blijkt dat de dood overal is. Don Fabrizio wordt vaak bevangen door een diepe melancholie en flirt, volgens Tancredi, met de dood als hij het schilderij van Greuze overdenkt. De dood wordt ook gepersonifieerd in de figuur van Venus door Don Fabrizio, wanneer hij denkt aan zijn eigen dood voor het schilderij van Greuze, een dood die even dichtbij is als het einde van de aristocratie. In het zevende hoofdstuk van *De tijgerkat* wordt de dood op een nogal ongebruikelijke manier behandeld, want we zien hem door de ogen van een stervende man: de lezer is dus getuige van de laatste momenten van de prins zoals hij ze zelf ziet. De dood wordt in de literatuur niet vaak op deze manier behandeld: *Plezier en dagen* (1896) van Marcel Proust (Franse schrijver, 1871-1922) en *De dood van Ivan Iljitsj* (1886) van Leo Tolstoj (Russische schrijver, 1828-1910) zijn twee zeldzame voorbeelden.

Ten slotte moet ook worden opgemerkt dat er in de roman veel realistische voorstellingen van de dood zijn, zoals de dode soldaat in de tuin in het eerste hoofdstuk (blz. 4) en de ontbindende lijken die Don Fabrizio ontdekt bij het verlaten van het bal:

> "Er kwam een lange open wagen voorbij met stieren die kort tevoren in het slachthuis waren gedood, al gevierendeeld en hun intieme mechanisme met de schaamteloosheid van de dood vertoonden. Met tussenpozen viel er een grote dikke rode druppel op het trottoir" (p. 68).

De roman stelt de plaats van verandering en eeuwigheid ter discussie: geconfronteerd met de veranderingen van de geschiedenis, wenst de prins eeuwigheid, wat met name blijkt uit zijn streven naar astronomie (via de sterren kijkt hij naar de oneindigheid: Venus, die hij bewondert, schijnt al jaren). Ook zijn waardering voor het onveranderlijke Siciliaanse landschap komt terug op zijn wens naar eeuwigheid: "De noten van de wals in de warme lucht leken hem slechts een stilering van de onophoudelijke winden die hun eigen verdriet harpen op de uitgedroogde oppervlakken, vandaag, gisteren, morgen, voor eeuwig en altijd" (p. 64). De prins is op zoek naar de eeuwigheid, en misschien ook naar een soort transcendentie die hem rust, troost en vreugde zal brengen, ondanks de risico's van het politieke leven.

EEN ONDERZOEK NAAR SUBJECTIVITEIT

Het verhaal wordt verteld door een alwetende, externe verteller. Het kan echter niet worden ontkend dat het overheersende gezichtspunt dat van de Prins van Salina is. Zijn gedachten worden ons immers onthuld door de veelvuldige verschuivingen naar de interne focalisatie, die zelden wordt gebruikt voor de andere personages (behalve in het deel dat gewijd is aan pater Pirrone, waardoor we de gebeurtenissen vanuit een ander perspectief kunnen bekijken). Bovendien is er een zekere dubbelzinnigheid over de herkomst van de oordelen in het boek: komen ze van de verteller of van Don Fabrizio?

Dankzij deze passages van interne focalisatie verplaatst de lezer zich in de geest van de prins en krijgt hij toegang tot de innerlijke gedachten van een meditatieve, bedachtzame man, alsmede tot de vele nuances van zijn persoonlijkheid. We ontdekken zijn eenzaamheid, zijn twijfels, zijn pessimisme en zijn visie op Sicilië, die wijzen op een echte filosofie van het bestaan. Over het geheel genomen versterkt de geringe interne focalisatie van de andere personages het gevoel van eenzaamheid van de prins en de onsamenhangendheid van de afbrokkelende aristocratie.

Door de interne focalisatie kan de lezer zich ook identificeren en inleven in de complexiteit en eenzaamheid van de prins. Bovendien geeft het de roman een sterk ontroerende toon. Ten slotte geeft het de lezer de mogelijkheid om te profiteren van de kennis van Don Fabrizio, om de aparte wereld van de aristocratie te betreden en haar bijzondere codes en verfijningen te begrijpen. Het zijn ook de overwegingen van de prins die de lezer in staat stellen na te gaan wat er is gebeurd in de tijd die tussen elk deel van het verhaal is verstreken.

RELIGIE VERSUS SENSUALITEIT

Op het eerste gezicht lijkt religie erg belangrijk in de aristocratische samenleving van Sicilië die de familie Salina vertegenwoordigt. De roman opent met een gebed, als we Don Fabrizio de rozenkrans zien bidden. Er is een kapel in het ouderlijk huis, en het levensritme wordt bepaald door de kerkklokken. De Salinas gaan naar de mis en de biecht. Bovendien zijn de dochters allemaal naar een klooster gegaan. Deze religie in het hart van de aristocratie wordt belichaamd door pater Pirrone, die zich het grootste deel van de tijd in het gezelschap van de prins bevindt. Zijn positie is echter dubbelzinnig. Hij is vaak slechts een achtergrondfiguur die door anderen en zelfs door de prins zelf wordt bespot. Don Fabrizio komt naakt uit het bad voor de priester, en lacht om zijn ongemak. Erger nog, hij neemt hem mee op zijn buitenechtelijke affaires in Palermo.

Ondanks de schijnbare vroomheid van de familie lijkt de prins niet veel belang te hechten aan het geloof: hij gaat biechten terwijl hij heel goed weet dat het een zinloze taak is, en lijkt meer in astronomie en de sterren te geloven dan in God. De hypocrisie van Don Fabrizio op het gebied van religie komt ook bij andere personages naar voren. Tancredi steekt de draak met de Kerk als hij vertelt over de keer dat hij en zijn vrienden een klooster binnenvielen, tot grote verbazing en verontwaardiging van de nonnen.

Het geloof van de Salinas is dus steeds veranderend en oneerbiedig, en wordt soms zelfs verworpen. De prins, ontevreden over zijn huwelijk, hekelt de onderdrukking van de seksualiteit door de kerk: hij heeft nog nooit de navel van zijn vrouw gezien, en elke keer dat de twee seks hebben, maakt zij vooraf het kruisteken en roept aan het eind "Gesummaria". Vanwege Maria Stella's preutsheid heeft Don Fabrizio verschillende minnaressen, waaronder een prostituee. We zien deze "rebellie" door de hele roman heen. De tekst is ook getint met een zekere sensualiteit, vooral dankzij de aanwezigheid van Angelica. Het mooie, schandalige jonge meisje trekt tijdens de maaltijden ieders blik en wordt bewonderd als een object. Haar teint doet denken aan room en haar lippen aan aardbeien: mannen willen haar proeven. Het is haar zelfvertrouwen en onthullende kleding die de jonge Tancredi aantrekt. Terwijl de Salina-vrouwen alleen bestaan door hun onderwerping aan Don Fabrizio (Maria Stella en Concetta accepteren beiden het huwelijk tussen Tancredi en Angelica omdat hij hen dat opdraagt), vertegenwoordigt Angelica het binnendringen en de triomf van de sensualiteit in de preutse sfeer van deze aristocratische familie. Wanneer zij en Tancredi door de hoeken en gaten van het labyrintische kasteel wandelen, midden in een soort sensueel spel, worden alle amoureuze instincten van het huis gewekt. Een warme nieuwe sfeer omhult de Salinas en wekt hun seksuele verlangens, zelfs die van de oude gouvernante, die 's nachts haar borsten streelt.

Angelica maakt dan ook indruk in de aristocratie en verleidt zowel Tancredi als Don Fabrizio met haar charme en natuurlijke gratie. Dankzij haar macht over de mannen klimt ze op de sociale ladder en trouwt uiteindelijk met een aristocraat. Zij symboliseert de opkomst van de bourgeoisie. Dankzij haar huwelijk wordt zij de prinses van Falconeri. De drie zusters Salina daarentegen wijden hun leven aan het geloof en eindigen als oude vrijsters, omringd door stoffige relikwieën. Zij vertegenwoordigen de gevallen aristocratie, te vastgeroest om te overleven in dit nieuwe Italië.

De triomf van de seksualiteit is echter niet het voorrecht van de bourgeoisie, maar van de jeugd. Don Fabrizio benijdt de vrijheid van Tancredi en Angelica, die genieten van de schoonheid en de geest van hun jeugd, terwijl hij zelf voelt dat hij al aan de afdaling naar de dood bezig is. Het huwelijk, een religieuze instelling, zal een einde maken aan hun jeugdige opwinding.

> *"Dat waren de beste dagen in het leven van Tancredi en Angelica, levens die later zo bont, zo dwalend zouden zijn, tegen de onvermijdelijke achtergrond van verdriet. Maar dat wisten ze toen nog niet; en ze streefden een toekomst na die ze concreter achtten dan die bleek te zijn, gemaakt van niets dan rook en wind. Toen zij oud en nutteloos wijs waren, gingen hun gedachten met aanhoudende spijt terug naar die dagen; het waren dagen geweest waarin het verlangen altijd aanwezig was omdat het altijd werd overwonnen, waarin vele bedden waren aangeboden en geweigerd, waarin de zinnelijke drang, omdat die werd beteugeld, voor één seconde was gesublimeerd in verzaking, dat wil zeggen in echte liefde" (blz. 46).*

Zoals alles in de roman zijn sensualiteit en levendigheid gedoemd te verdwijnen. De tijd neemt alles weg op zijn weg.

VERDERE REFLECTIE

ENKELE VRAGEN OM OVER NA TE DENKEN...

- Wat maakt *De tijgerkat tot* een historische roman?

- Welke relatie legt Lampedusa in *The Leopard* tussen mens en dier?

- Welke rol speelt religie in de roman?

- Welke visie op liefde presenteert Lampedusa's roman?

- Wat scheidt de families Salina en Sedara?

- Kan het vijfde hoofdstuk van de roman, het deel gewijd aan pater Pirrone, beschouwd worden als een uitweiding?

- Waarom heeft Lampedusa volgens u van Don Fabrizio een wetenschapper gemaakt, in het bijzonder een astronoom?

- Waarom eindigt de roman volgens u niet aan het eind van het zevende hoofdstuk met de dood van de prins?

- Lampedusa's waardering voor de Franse literatuur blijkt uit *De tijgerkat*. De auteur zelf benadrukt het intertekstuele karakter van zijn roman. Bestudeer de variaties op "Een reis naar Cythera", een gedicht uit Baudelaire's (Franse dichter, 1821-1867) *De bloemen van het kwaad* en wijs op de overeenkomsten tussen de sterfscène in het zevende hoofdstuk van de roman en de dood van Baldassare Silvande in Marcel Proust's *Pleasures and Days*.

- De regisseur Luchino Visconti bewerkte Lampedusa's roman voor de bioscoop in 1963. Hoewel de film werd geprezen om zijn getrouwe bewerking van het oorspronkelijke werk, werden bepaalde scènes verlengd en andere verwijderd. Leg uit waarom Visconti dit deed.

VERDER LEZEN

REFERENTIE-UITGAVE

Tomasi, G. (2007) *The Leopard*. Trans. Colquhoun, A. New York: Pantheon.

REFERENTIESTUDIES

Donadio, R. (2008) Essay: Lampedusa's "The Leopard", vijftig jaar later. *New York Times*. [Online]. [Accessed 21 March 2017]. Beschikbaar via: <http://www.nytimes.com/2008/07/29/arts/29iht-booktue.1.14826755.html>

Mitchell, D. (2006) Boekkeuze: The Leopard. *The Telegraph*. [Online]. [Accessed 21 March 2017]. Beschikbaar vanaf: <http://www.telegraph.co.uk/culture/3649935/Book-choice-The-Leopard.html>

AANPASSING

The Leopard. (1963) [film]. Luchino Visconti, dir. Italië: Titanus.

*We horen graag van jou! Laat
een reactie achter op jouw online bibliotheek
en deel je favoriete boeken op social media!*

De uitgever garandeert de betrouwbaarheid van de gepubliceerde informatie, die echter niet onder zijn verantwoordelijkheid valt.

© 50minutes.com, 2023. Alle rechten voorbehouden.

www.50minutes.com

Master ISBN: 9782808689038
Papier ISBN: 9782808610438
Wettelijk depot: D/2023/12603/1323

Omslag: © Primento

Digitaal ontwerp: Primento, de digitale partner van uitgevers.